MES SENS

L'odorat

CHRISTINA EARLEY

Un livre de la collection
Les racines de Crabtree

CRABTREE
Publishing Company
www.crabtreebooks.com

Soutien de l'école à la maison pour les parents, les gardiens et les enseignants

Ce livre aide les enfants à se développer grâce à la pratique de la lecture. Voici quelques exemples de questions pour aider le lecteur ou la lectrice à développer ses capacités de compréhension. Les suggestions de réponses sont indiquées en rouge.

Avant la lecture

• De quoi ce livre parle-t-il?
  • *Je pense que ce livre parle de mon sens de l'odorat.*
  • *Je pense que ce livre parle des odeurs que je peux sentir.*

• Qu'est-ce que je veux apprendre sur ce sujet?
  • *Je veux apprendre au sujet de la partie de mon corps que j'utilise pour sentir.*
  • *Je veux apprendre les différents types d'odeurs.*

Pendant la lecture

• Je me demande pourquoi...
  • *Je me demande pourquoi mon nez peut sentir différentes choses.*
  • *Je me demande pourquoi une orange sent les agrumes.*

• Qu'est-ce que j'ai appris jusqu'à présent?
  • *J'ai appris que j'utilise mon nez pour sentir.*
  • *J'ai appris que le lait peut avoir une odeur aigre.*

Après la lecture

• Nomme quelques détails que tu as retenus.
  • *J'ai appris que l'odorat est l'un de mes cinq sens.*
  • *J'ai appris que je peux sentir des odeurs sucrées et des odeurs aigres.*

• Lis le livre à nouveau et cherche les mots de vocabulaire.
  • *Je vois le mot **agrumes** à la page 5 et le mot **sucrée** à la page 7. Les autres mots de vocabulaire se trouvent à la page 14.*

L'odorat est l'un
de mes cinq **sens**.

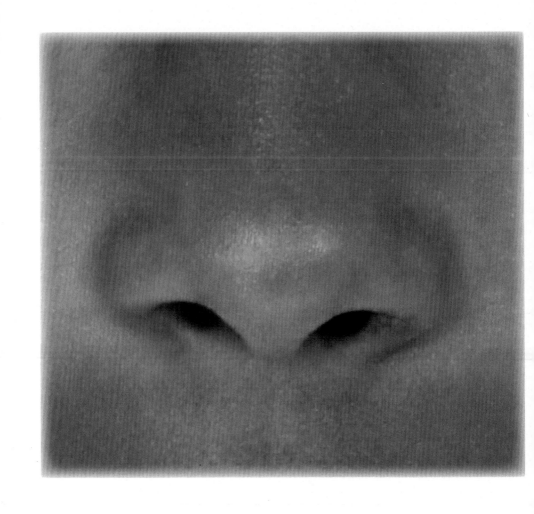

J'utilise mon **nez** pour sentir.

Cette orange sent
les **agrumes**.

Ce biscuit a une odeur **sucrée**.

Ce lait a une odeur **aigre**.

Peux-tu sentir le maïs soufflé?

Peux-tu sentir
les **fleurs**?

Je peux sentir
plusieurs choses
qui m'entourent.

Liste de mots
Mots courants

ce	est	mon	pour
choses	je	odeur	sent
cinq	les	orange	tu
de	mes	peux	utilise
entourent			

La boîte à mots

agrumes

aigre

fleurs

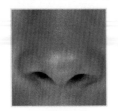

nez

sens

sucrée

45 mots

L'odorat est l'un de mes cinq **sens**.

J'utilise mon **nez** pour sentir.

Cette orange sent les **agrumes**.

Ce biscuit a une odeur **sucrée**.

Ce lait a une odeur **aigre**.

Peux-tu sentir le maïs soufflé?

Peux-tu sentir les **fleurs**?

Je peux sentir plusieurs choses qui m'entourent.

Autrice : Christina Earley
Conception : Rhea Wallace
Développement de la série :
James Earley
Correctrice : Janine Deschenes
Conseils pédagogiques :
Marie Lemke M.Ed.
Traduction : Annie Evearts
Coordinatrice à l'impression :
Katherine Berti
Références photographiques :
Shutterstock : Phillippe Put :
couverture; Olyagimaeva : p. 1;
GUNDAM_Ai : p. 3; Duplass : p. 4, 14;
aabeele : p. 5, 14; Sergio33 : p. 6, 14;
New Africa : p. 9, 14; Size Square : p.
10; Jersey : p. 11, 14; Losangela : p. 12

Crabtree Publishing Company

www.crabtreebooks.com   1-800-387-7650

Publié aux États-Unis
Crabtree Publishing
347 Fifth Avenue
Suite 1402-145
New York, NY, 10016

Publié au Canada
Crabtree Publishing
616 Welland Ave.
St. Catharines, Ontario
L2M 5V6

Imprimé au Canada/062021/CPC

Catalogage avant publication de
Bibliothèque et Archives Canada
Titre: L'odorat / Christina Earley ; texte français
    d'Annie Evearts.
Autres titres: Smell. Français.
Noms: Earley, Christina, auteur.
Description: Mention de collection: Mes sens | Les
    racines de Crabtree | Traduction de : Smell. |
    Comprend un index.
Identifiants: Canadiana (livre imprimé) 20210277874 |
    Canadiana (livre numérique) 20210277890 |
    ISBN 9781039605596 (couverture souple) |
    ISBN 9781039605640 (HTML) |
    ISBN 9781039605695 (EPUB) |
    ISBN 9781039605749 (livre numérique avec narration)
Vedettes-matière: RVM: Odorat—Ouvrages pour la
    jeunesse. | RVM: Nez—Ouvrages pour la jeunesse. |
    RVMGF: Documents pour la jeunesse.
Classification: LCC QP458 .E2714 2022 | CDD j612.8/6—dc23